그리운 나라

짧은 시
한 행의 길이로
깊은 뜻 머문은 길어라

김호길 약력

63년 개천예술제 시조백일장 장원
65년 서벌 박재두, 김교한, 조오현 등과 '율시조문학동인' 활동
67년 시조문학 3회 천료

시집: 하늘 환상곡, 수정목마름, 절정의 꽃, 사막 시편, 떠돌이의 혼 등
수상: 현대시조문학상, 시조시학상, 펜시조문학상, 동서문학상
     유심작품상 등
기타: 보병지휘관, 육군비행사, 월남전 참전조종사
     KAL국제선 점보기 조종사, 로스앤젤레스 일간지 기자
     캘리포니아 및 멕시코 바하 캘리포니아에서 30여년 농부생활.

그리운 나라

초판인쇄 2017년 4월 23일
초판발행 2017년 4월 30일

지 은 이 | 김호길
펴 낸 이 | 이소정
펴 낸 곳 | 창연출판사
주　　소 | 경남 창원시 의창구 읍성로 39
출판등록 | 2013년 11월 26일 제2013-000029호
전　　화 | (055) 296-2030
팩　　스 | (055) 246-2030
E-mail | 7calltaxi@hanmail.net

값 9,000원
ISBN 979-11-86871-12-6　03810

ⓒ 김호길, 2017

* 저자와 협의하여 인지를 생략합니다.
* 이 책의 판권은 저자와 창연에 있습니다.
　양측의 서면 동의 없이 무단 전재나 복제를 금합니다.
* 잘못된 책은 바꾸어 드립니다.

그리운 나라

김호길 시집

창연

그리운 나라

어느 먼 하늘 밑에
꿈꾸는 나라 있네

죄가 많아 업이 쌓여
되돌릴 수 없는

꿈에도
잊지 못하는
그런 나라가 있네

2017년 4월 바하 캘리포니아에서 김호길

차례

1부

홑시조 / 15
희망에 대하여 / 16
믿고 싶다 / 17
잘 났다 뻐기지 말라 / 18
어떤 사유 / 19
네잎 클로버 / 20
매미처럼 살았는데 / 21
일출 / 22
어떤 농부 / 23
키다리 야자수 / 24
북극성 / 25
진주 남강 숭어가 뛰니 / 26
고향 / 27
전염병 / 28
시인 / 29
고백 / 30
땅콩을 볶으며 / 31
창피하다 / 32
소태맛 / 33
수세미 / 34

2부

인력권 / 37
촛불은하 / 38
현실은 / 39
불안한 미래 / 40
나도 있다 / 41
작위 / 42
현주소지 / 43
파리채를 들고 / 44
이별 / 45
달나라 시위법 / 46
나비 / 47
지구는 넓고 다 사람 사는 땅이네 / 48
어떤 경험 / 49
심연 / 50
에너지 솟는 시간 / 51
반달 / 52
큰 행복 / 53
난바다 / 54
그 사람 / 55
독수리 / 56

3부

발아래 구름을 깔고 / 59
네 눈 속에 / 60
행복 / 61
박쥐 / 62
조감도 / 63
카타리나 섬을 끼고 / 64
꿈속의 사막 / 65
흔적 / 66
발아 / 67
난세에 / 68
유성 / 69
용기조차 없다면 / 70
오아시스 / 71
혁명가는 / 72
세월 / 73
인두겁을 쓰고 / 74
난타전 / 75
매듭 풀기 / 76
살다 보니 / 77
살구 한 알 / 78

4부

조수아 선인장 / 81
까마귀 / 82
작은 행복 / 83
속삭임 / 84
별똥별 / 85
진실 / 86
미안한 착각 / 87
어머니 / 88
무소속 / 89
기러기 편대비행 / 90
악어의 눈물 / 91
한심하고 숨 막혀서 / 92
초가을 / 93
그린 위를 학처럼 / 94
까치집 / 95
프로도 잘하지만 / 96
고언 / 97
펠리칸 / 98
귀족골퍼 / 99
내 마음은 / 100

5부

너 / 103
생과 사 / 104
북극 기러기 / 105
기적처럼, 기린처럼 / 106
파랑새 / 107
양파는 / 108
영혼의 에센스 / 109
보름달 / 110
물방개처럼 / 111
사랑은 / 112
사는 동안 / 113
북소리 / 114
저 별 / 115
긴 사랑 / 116
위성처럼 / 117
그린 위를 걸으며 / 118
하루에 열 번은 / 119
생각 속의 핵 / 120
하늘나라 세월호 / 121
지금은 / 122

6부

신기루 / 125
새야 새야 파랑새야 / 126
몽돌처럼 / 127
현상 / 128
말하기는 쉽지만 / 129
가두리 속의 물고기는 / 130
철 지난 소식을 듣고 / 131
다람쥐 / 132
비비새 단상 / 133
아버지 / 134
이실직고 / 135
중력의 법칙 / 136
가문비나무 아래 / 137
콩 심은데 콩 나는데 / 138
농부 4 / 139
농부 5 / 140
농부 8 / 141
농부 13 / 142
농부 16 / 143
농부 30 / 144
■ 시집 해설 - 양왕용 시인 / 145

1부

짧은 시
한 행의 길이로
깊은 뜻 여무는 길이리

홑시조

짧은 시
한 행의 길이로
깊은 뜻 여운은 길어라.

희망에 대하여

그 누가
희망이 없다 하나,
풀꽃보다 더 많단다.

믿고 싶다

화안한
복사꽃 그 마을
그래도, 열리고 있네.

잘 났다 뻐기지 말라

꾀꼬리
너 혼자 뻐기지 말라,
까마귀도 한 평생 잘 산다.

어떤 사유

아무튼
너가 나 될 수 없듯
나도 너 될 수 없어.

네잎 클로버

네 잎에
행운이 있다고 했나,
흔한 세 잎에 더 많단다.

매미처럼 살았는데

좋겠다,
시 쓰고 노래하고
그러다 보니 큰상 타고.

일출

꽃장미
백만 송이쯤
해여 불끈 솟아라.

어떤 농부

시골에
주소만 옮기면
그 데모꾼 모두 농부여.

키다리 야자수

키다리
야자수 키 말인가,
하늘 닿기 아직 까마득하다.

북극성

하늘이
두 쪽이 나도
늘 그 자리를 지키네.

진주 남강 숭어가 뛰니

남강에
숭어가 뛰니
강산 잡것들 다 뛰네.

고향

꽃뱀이
허물을 벗듯
그 옷 벗는 곳이 고향일레.

전염병

웃음도
전염병이래
그래도 괜찮은 병이라요.

시인

누구나
다 시인이라네.
도도 모도 다 시인이여.

고백

바람 골
험한 세월에
간에 바람 살짝 들었네.

땅콩을 볶으며

평생을
오손도손 살다가
곽 속에 누운 둘을 볶네.

창피하다

골프장
한 무리 까마귀 떼
그 살코기 값 떠올렸네.

소태맛

혀끝에
단맛을 찾지 마라
인생 그 자체가 소태니라.

수세미

먹을 수
없을지라도
세상을 닦을 수 있네.

2부

짧은 시
한 행의 길이로
깊은 뜻 매운 길어라

인력권

떠나도
떠난 적 없어,
널 중심으로 돌고 돌뿐.

촛불은하

네 적이
누군지 아는가,
밀려 오가는 촛불은하.

현실은

한 나절
지구를 뱅뱅 도는
가상공간이 열리고.

불안한 미래

미래는
꼬꾸라지는 놈 천지래,
그 속에 일어서는 놈 많다네.

나도 있다

오뉴월
무논의 개구리떼
그 인재들 속 나도 있다.

작위

한 때는
자작이 젤 높았지,
요즘은 혼밥족이 더 높아라.

현주소지

막막한
광야의 중심에 사네,
그 곳이 나의 주소지라네.

파리채를 들고

너 실컷
비행을 즐겨라,
한 순간에 끝장이다.

이별

가신 분
비단길로 가고
남은 분
소태맛 씹으며 살고.

달나라 시위법

달빛이
바다에 빠지면
우쭐우쭐 춤을 춘다.

나비

시간의
요정이 있네
네 날개에, 그 춤사위에.

지구는 넓고 다 사람 사는 땅이네

너, 시방
죽을 판인가,
그렇다면 꿈을 밖으로 돌려라.

어떤 경험

막막한
숨 막히는 공기 속
누굴 기다려 본적 있네.

심연

누구나
닿을 수 있지만
아무도 닿지 못하는.

에너지 솟는 시간

새 태양
에너지를 마시네,
새 비상을 채비하리.

반달

연분홍
화사한 얼굴
반만 보여준다 하네.

큰 행복

조용히
숨 쉬고 있는 것,
아직 두 발로 걷고 있는 것.

난바다

태평양
난바다가 미쳤네,
한국호가 젤 걱정이네.

그 사람

영원한
불사조 그 사람
99패에도 1승을 노리는.

독수리

비잉빙
도는 독수리
날개 밑 세상을 다 꿰뚫고 돈다.

3부

짧은 시
한 행의 길이로
깊은 뜻 떠운은 길어라

발아래 구름을 깔고

한 세월
지나고 보면
우리네 사연도 다 구름의 깃털.

네 눈 속에

네 눈 속
깊은 거울 속
흑진주가 있네.

행복

온 세상
다 돌아보아도
너희 집에 행복이 있네.

박쥐

어둔 밤
비행을 더 잘한다,
난세는 네가 스승이여.

조감도

지구의
주름살을 세다가
포기하고 눈을 감았네.

카타리나 섬을 끼고

그 섬을
겨드랑이에 끼고
지나간다네, 신선인양.

꿈속의 사막

꿈속에
사막이 있네.
먼 길 한없이 걸었네.

흔적

뭔가를
끄적거린다네
살아 있음을 증거하네.

발아

제 한 몸
폭 썩고 난 후에야
새눈 하나 돋는다.

난세에

난세에
주가 많다더니
온통 잘난 놈들 천지로다.

유성

우주도
제 흥에 못 이겨
휙~휙~ 일필휘지로고.

용기조차 없다면

목숨 걸
용기가 없다면
깊은 강물이 널 부른다.

오아시스

막막한
사막을 건너야
오아시스는 숨겨져 있다.

혁명가는

큰 성공
혁명을 하자면
게릴라 정글을 지나야 한다.

세월

아무도
찾지 않을 때
늘 그를 찾아오고 있는.

인두겁을 쓰고

창피해,
하늘을 우러러 볼
면목조차 없어라.

난타전

개똥을
닦을 수 없듯
그 염병할 놈이란다.

매듭 풀기

헝클린
혼돈의 실꾸리는
근본부터 풀어야.

살다 보니

죽일 놈
죽일 놈 하다가
머리 조아릴 때가 있다.

살구 한 알

속뜻은
씨알이 아니라
제 살 다주려 왔다.

4부

짧은 시
한 행의 길이로
깊은 뜻 머문은 길어라

조수아 선인장

한 생이
쉬운 게 있나,
참고 참아 꽃피우는 거지.

까마귀

온 생애
다듬은 노래
듣기 싫다니 기막혀.

작은 행복

두 발로
지구를 딛고
걸을 수 있는 행복이여.

속삭임

귓속 말
소곤소곤 전하는
미풍의 속삭임 있네.

별똥별

밤하늘
부싯돌 긋고 가는
그것은 우주의 파적.

진실

최고의
선택은 가끔
최악의 실수일 수 있네.

미안한 착각

잔디밭
하얀 골프공
주우려 보니 버섯이네.

어머니

엄마야!
외마디 남기고
그는 숨을 거두었다.

무소속

극좌냐
극우냐 그 질문
일평생 헷갈리는 화두로고.

기러기 편대비행

몰랐지,
맨 꼴찌 날으는 녀석
그가 대장이란다.

악어의 눈물

악어가
눈물이 있다고,
악마도 눈물이 있다.

한심하고 숨 막혀서

아직도 붙어 있는 모가지
신통하여
만져본다.

초가을

잎새에
황금 물오르니
하늘빛 더욱 짙어라.

그린 위를 학처럼

뒹굴고
싶다고 쓰지만
실은 훨훨 날고 싶다네.

까치집

사립도
활짝 열려 있고
무시로 바람도 드나드네.

프로도 잘하지만

프로는
뜻대로 잘 보내고
더미는 온 방향 잘 보낸다.

고언

죽어라
미련 없이 죽어라
그래야 다시 산다.

펠리칸

손가락
총 쏘는 시늉
퍽~ 물다발총 쏘고 가네.

귀족골퍼

개구리
친구들 생각과 달리
홈리스 골퍼도 많단다.

내 마음은

내 마음
뜬구름 같아라,
일었다가
이내 스러지는.

5부

짧은 시
한 행의 길이로
깊은 뜻 여운은 길어라

너

그대는
이상한 동물
이상한 데 없이 참 이상한.

생과 사

산다고
버둥대지만
죽기조차
버둥대는가.

북극 기러기

고향집
찾아오듯이
고요히 날아오는 저 손님.

기적처럼, 기린처럼

아직도
붙어있는 모가지
감격하여 만져 보게.

파랑새

파랑새
그가 찾아올지라도
준비를 해야 만난다네.

양파는

양파로 태어난 게 좋아라,
매운 맛을 톡톡 쏘는.

영혼의 에센스

너무나 간절해지면
단 한마디로 족하다.

보름달

돈,
돈,
돈,
환장하라고
황금 보름달
솟아나네.

물방개처럼

물방개
여울 위를 돌듯
그 여울 위를 돌아왔네.

사랑은

사랑은
잠시 지나가도
그 여운은 길어라.

사는 동안

멍하니
밖을 내다보는
그 눈빛만 초롱 살아있네.

북소리

둥둥둥 북소리
늘 진격을 알리는
먼 북소리.

저 별

추운 날
외투도 못 입었나,
파르르 떠는 저 별.

긴 사랑

사랑은 짧은 것 같아도
온 생애 끝난 적 없다.

위성처럼

흑암 속
어디론가 미끄러지는
너, 위성이여, 청춘아.

그린 위를 걸으며

내 시방
걷고 있지만
영혼은 그 위를 뒹굴고 있네.

하루에 열 번은

그렇다,
그렇다, 그렇다,
열 번쯤은 외워야 술술 감기네.

생각 속의 핵

한 생각
핵 가운데는
세계를 뒤흔들
씨앗이 숨었네.

하늘나라 세월호

그 시절
내가 탄 비행기는 모두
날으는 '세월호'였다.

지금은

지금은
환호작약하지만
곧 피눈물 흘릴지 몰라.

6부

짧은 시
한 행의 길이로
깊은 뜻 머문 길이라

신기루

눈앞에
보이는 게 다 아냐,
어쩜 신기루일지도 몰라.

새야 새야 파랑새야

녹두밭
놀던 그 새야
지구 끝까지 날아라.

몽돌처럼

머리는 헹굴수록 좋고
네 몸은 구를수록 좋다.

현상

보는 게
현상일 수 있지만
안 보이는 게 그 진수라네.

말하기는 쉽지만

나무를 보는 일 보다
전체 숲을 보라 했어.

가두리 속의 물고기는

가두어 키운 물고기는
그 속이 태평양인 줄 안다.

철 지난 소식을 듣고

몸으로
장편 서사시를
형용하다가
그는 갔네.

다람쥐

도무지
두려움이 없네,
함께 놀자 친구야.

비비새 단상

비비새
뒤 숲에서 울면
지붕 위의 박꽃 활짝 웃고.

아버지

아버지!
그렇게 부르면
난 절로 목이 메인다.

이실직고

고맙다,
고맙다, 고맙다
아직 숨 쉬고 있나니.

중력의 법칙

죽은 새
추락하듯이
추락하는 것도 있네.

가문비나무 아래

가문비
큰 나무 아래
새까맣게
새끼들 솟아나고.

콩 심은데 콩 나는데

잘난 너
증오를 심으면
뭐가 돋아날 것 같냐?

농부 4

한 포기
자세히 꿰뚫어 보라
그대 탁월한 전문의여.

농부 5

새벽 닭
울음소리 듣고
저녁별 안내를 받는.

농부 8

엄마가
아기를 대하듯
늘 사랑의 눈길을 쏟네.

농부 13

비워야
숲의 숨소리 들리네.
인생도 그렇다네.

농부 16

감사가
넘치는 사막
이곳 농부로 온 것 참 잘 된 일이네.

농부 30

세상에
가장 낮은 몸
때론 가장 높을 수 있네.

[해설]

도전정신과 긍정적 세계관 그리고 촌철살인의 풍자

양왕용
(시인, 부산대 명예교수, 한국문인협회 부이사장)

⟨1⟩

 김호길 시인은 필자의 진주고등학교 2년 선배이다. 김 시인은 모두 아는 것처럼 대학 시절인 1963년 시조로 개천예술제에서 장원에 입상한 자랑스러운 경력을 가지고 있다. 그가 대한항공 국제선 조종사를 하다가 1981년 LA로 이주를 하나 필자와는 교류를 못했다. 그러다가 2008년 진주를 학연으로 한 전국의 문인들로 구성된 ⟨남강문학회⟩가 조직되어 필자와 함께 김 시인도 회원으로 함께 참여하면서 간혹 귀국하는 김 시인과 교류하게 되었다. 2011년부터 2014년까지 필자가 회장을 맡아 ≪남강문학≫을 내는 일이나 갖가지 행사에 깊이 관여하게 되자 해외에 있으면서 ⟨남강문학회⟩에 깊은 애정을 가지고 있는 김 시인을 존경하지 않을 수 없었다. 지난 2011년과 2012년 연말에 2개월과 1개월씩 필자가 LA에 머물게 되면서 김 시인의 신세를 많이 지게 되었다. 2012년 연말에는 LA에서 개최된 시집 『사막 시편』 출판기념회에도 참석하여 남강문학회 회장 자격으로 축사도 하였다. 『사막 시편』가운데 한 편은 국내 문예지 ≪문학사상≫지 월평에도 언급되어 그 사실을 출판기념회 석상에서 소개하기도 하였다.

김 시인은 1984년부터 캘리포니아 로스앤젤레스 인근 온타리오에서 농사를 시작하였고 그 후 88년도부터 남쪽 멕시코 바하 캘리포니아 사막에서 농사를 짓고 있다. 필자는 미국에 있을 때 그곳을 구경할 수 없느냐고 조르기도 했다. 그러나 자기는 그곳에서 머물 수 있지만 우리가 가는 경우 안전을 보장할 수 없는 곳이라고 했다. 〈사막 시편〉은 이러한 절박한 곳에서 쓴 시들이다. 그가 농사짓는 곳은 LA에서 1200마일이나 떨어진 먼 곳이다.

  그는 LA의 농산물 판매법인은 큰아들에게 맡기고 그곳 사막에서 멕시코 원주민들과 함께 농사를 짓고 있다. 필자는 정말 김 시인의 생각과 큰 스케일에 놀라지 않을 수 없었다. 출판기념회 역시 교민사회에서 보기 드물게 회비도 없이 문인들의 송년회를 겸하여 가지는 데서 놀란 바 있다. 그런데 최근에는 멕시코 사막에 머물면서 페이스북에다 시조 종장을 한 편의 시조라는 홑시조를 자주 올려 필자는 감상 소감을 댓글로 올리기도 했다. 그러던 어느 날 국제전화로 한국에서 홑시조집을 발간하는데 그 해설을 부탁하는 것이었다. 국제전화고 해서 거절도 못하고 얼떨결에 승낙하고 말았다.

〈2〉

  김호길 시인의 시적 상상력의 특성을 살펴보기 위하여 몇 해 전에 시조전문지 ≪화중련花中蓮≫의 「내가 좋아하는 시조 한 편」이라는 글에서 인용한 시조 한 편을 다시 살펴보기로 한다.

본적도 없고 들은 적도 없고 말도 안 통하는 그곳
한 이십오 년 쯤 그곳에 빈손으로 들어갔단다.
꼴머슴 산 적도 없는 내가 빈손으로 들어갔더란다.

미쳤지, 진짜 미쳤지, 어쩜 그럴 수가 있는가.
파일럿은 왜 치우고 사막 농부가 웬 말이냐.
그때는 죽으러 갔지, 살러 간 것이 아니란다.

요렇게 죽지도 않고 그래도 괜찮은 농부가 되어
시도 쓰고 할 일 더 많아 아직 꿈꾸고 있잖아.
용기가 죽을 용기가 없던 난 그래 바보 농부란다.
-「사막 시편-바보 농부」 전문

이 세 수로 된 연시조는 앞에서 언급한 캘리포니아에서 시작한 소규모 창농이 실패로 돌아가자 멕시코 바하 캘리포니아 사막농장에 들어갈 때의 각오를 피력한 작품이다. 각 수의 종장 마지막 시어의 예스러운 종결어미는 전통적인 시조의 종결어미라기보다 투박한 민요의 어조와 닮아 그의 도전정신과 그야말로 황무지 그것도 바하 캘리포니아 사막에서 멕시코 정부로부터 물을 임대하여 멕시코인들을 다루면서 농사짓는 추진력이 잘 형상화 되고 있다. 그래서 필자는 '내가 좋아하는 시조 한 편'으로 추천하기를 망설이지 않았다.

홑시조는 시조학계나 시조시단에서 정식 장르로 확정된 것은 아니다. 심지어 초, 중, 종장의 3장 형식이 갖

추어져야 시조이지, 초장이 생략된 양장兩章시조나 종장만으로 된 단장單章시조는 시조가 아니라는 주장을 하는 사람들도 있다. 김호길 시인은 종장으로만 된 시조를 홑시조라 처음 명명하였다고 한다. 필자가 생각하기는 이러한 장르의식의 파괴는 김 시인의 경상대학교 은사이신 리명길 시조시인의 탈 장르적 시조 창작에서 영향을 받았다고 볼 수 있다.

 리명길 시인은 김 시인의 진주농과대학 시절 정치학 내지 행정학 교수로 교양과목 교수였지만 진주농대 문인지망생들의 동인인 〈전원문학회〉 지도교수였다. 김 시인이 1963년 개천예술제 시조부 장원을 했을 때 개천예술제 한글백일장에 시조부문을 신설하는 데에 주도적 역할을 한 사람 중의 한 분이었다. 그는 진주농과대학이 종합대학 경상대학교로 승격되자 행정학과를 신설하는 데 결정적 역할을 하였으며 나중에는 법경대학 학장도 지냈다. 퇴임 후에는 진주문협 회장, 진주예총 회장, 진주문화원장 등을 지냈다. 그런데 그는 시조문학 이론가는 아니었지만 그의 건국대에서 받은 정치학 박사학위논문「조선조 정치사의 정치문학적 분석」에서 고시조를 텍스트로 삼을 정도였다. 뿐만 아니라 그의 장르의식 파괴는 평시조, 엇시조 사설시조, 심지어 그의 주장인 종장만으로 된 시조까지 한 작품에 혼재한 장르를 주장하기도 하였으며, 이은상이 주장한 양장시조에서 한 걸음 나아간 절장絶章시조 즉 종장만으로 한 수의 시조가 되는 경지까지 확대하였다.

리명길 시조 시인의 이러한 장르의식을 수용한 김 시인은 절장이나 단장이라는 용어 대신에 순수한 우리말인 홑시조를 장르명칭으로 하고 있다. 필자는 시조 연구 학자는 아니지만 '짝을 이루지 아니하거나 겹이 아닌 것'이라는 사전적 뜻이 있는 홑시조가 종장으로 된 시조의 명칭으로는 절장시조나 단장시조에 비하여 개념상의 오류를 방지할 수 있는 가장 타당한 장르명칭이라고 생각한다.

홑시조의 주제나 의미구조를 가장 간단히 언급한 표현으로는 촌철살인寸鐵殺人이라는 용어가 있다. 본래의 뜻을 직역하면 '조그만 쇠붙이로 사람의 목숨을 빼앗는다'는 뜻이지만 사전적 의미는 '조그만 경구警句로 사람의 마음을 감동시킨다'는 뜻이다. 따라서 홑시조는 교훈적이거나 풍자적일 수 있다. 이러한 의미구조는 앞에서 언급한 김 시인의 그 동안 살아온 생애와 연결시켜 볼 때 도전적이고 창의적이며 대범하면서 무모하리만큼 긍정적이며 낙천적인 그의 세계관과도 충분히 통한다. 그러면 우선 이러한 경향의 작품들을 살피기 전 다음의 작품에 대하여 살펴보기로 한다.

짧은 시
한 행의 길이로
깊은 뜻 여운은 길어라.
―「홑시조」 전문

이 작품은 이 시집의 첫 번째 작품으로 일종의 '홑시

조'에 대한 장르 의식을 보여주고 있다. 비록 한 행의 길이이지만 깊은 뜻과 긴 여운이 있다는 일종의 홑시조 옹호론이다. 이렇게 시조를 위한 시조 즉 메타시로서의 시조가 맨 첫 작품으로 편집되어 있고 이어서 120편이 나열되어 있다.

〈3〉

 김호길 시인의 그 동안의 삶의 역정을 바탕으로 한 도전적이고 매사에 긍정적인 세계관이 피력된 작품에 대하여 살펴보기로 한다.

(ㄱ)
그 누가
희망이 없다 하나,
풀꽃보다 더 많단다.
-「희망에 대하여」전문

(ㄴ)
네 잎에
행운이 있다고 했나,
흔한 세 잎에 더 많단다.
-「네잎 클로버」전문

(ㄷ)
너, 시방
죽을 판인가.
그렇다면 꿈을 밖으로 돌려라.
─「지구는 넓고 다 사람 사는 땅이네」 전문

(ㄹ)
조용히
숨 쉬고 있는 것,
아직 두 발로 걷고 있는 것.
─「큰 행복」 전문

(ㅁ)
한 생애
쉬운 게 있나,
참고 참아 꽃피우는 거지.
─「조수아 선인장」 전문

(ㅂ)
파랑새
그가 찾아올지라도
준비를 해야 만난다네.
─「파랑새」 전문

김 시인의 도전적이고 긍정적인 세계관이 나타나 있는 대표적 홑시조 여섯 편을 골라 보았다.

이 여섯 편 가운데 긍정적인 세계관을 직접 피력한 작품은 (ㄱ)「희망에 대하여」, (ㄷ)「지구는 넓고 다 사람 사는 땅이네」와 (ㄹ)「큰 행복」 등 세 편이다. 의도적으로 고른 것은 아닌데 꼭 절반이 관념을 직접 피력한 것이다. 그 관념들이 제목 속에 나타나 있는 것이 '희망'과 '행복'이고 절망하는 젊은이들에게 세계를 향하여 꿈을 펼치라는 (ㄷ)의 경우 도전적이고 진취적인 그의 세계관이 나타나 있다. 그는 (ㄱ)에서 '희망'은 풀꽃보다 많다는 낙관론을 펼치고 있다. 그리고 (ㄹ)에서는 조용히 숨 쉬고 두 발로 걷는 것 자체가 행복, 그것도 큰 행복이라는 소박한 행복관을 피력하고 있다.

이러한 그의 행복관은 '온 세상/ 다 돌아보아도/ 너희 집에 행복이 있네'(「행복」)와 같이 가정 자체가 행복이라 보고 있다.

나머지 (ㄴ)「네 잎 클로버」와 (ㅁ)「조수아 선인장」그리고 (ㅂ)「파랑새」의 경우 사물 특히 자연을 통하여 그의 긍정적 세계관과 도전정신을 형상화 하고 있다. (ㄴ)「네잎 클로버」의 경우 행운의 네 잎 클로버라는 상식적 인식을 역전시켜 오히려 흔하디흔한 세 잎 클로버 속에 행운이 들어 있다는 행운론을 펼치고 있다. 말하자면 노력하는 자에게는 행운은 어렵게 오는 것이 아니라 반드시 온다는 긍정적 가치관을 보여준 것이다. (ㅁ)에 등장하는 시적 제재는 LA에서 동쪽으로 140마일 떨어진 팜 스프링 근처의 〈조수아 트리 국립공원〉의 3000

피트 고지대 사막에 군락하고 있는 40피트 높이의 거대한 나무 선인장인 조수아 선인장이다. 그것의 상층부 가시 돋친 나뭇가지에는 봄에 10인치나 되는 붉은 꽃이 핀다. 이렇게 어렵게 꽃을 피우는 조수아 선인장을 통하여 인생에서의 고진감래를 형상화 하고 있다. 조수아라는 이름은 성경에 나오는 여호수아의 영어식 표현으로 1851년 이곳을 여행하던 몰몬 교도에 의하여 선인장의 모습이 구약성경의 여호수아와 비슷하다고 해서 붙여진 이름이다. 그리고 (ㅂ)의 '파랑새' 역시 실존의 새이지만 여기서는 프랑스의 희곡작가 모리스 마테를링크(1862-1949)의 희곡「파랑새」(1906)에서 행운을 가져 온다는 새를 말하는 것이라고 볼 수 있다. 그에 의하면 행운은 찾아오기를 막연히 기다린다고 해서 찾아오는 것이 아니고, 평소에 노력하고 준비해야 찾아온 행운을 붙잡을 수 있다는 점을 강조하고 있다.

 이상과 같이 김호길 시인의 홑시조를 관류하고 있는 주제의식 가운데 가장 대표적인 것이 그의 삶의 역정과도 통하는 도전정신과 매사에 긍정적이면서 끊임없이 노력하는 근면정신이라고 볼 수 있다. 그리고 그것을 직접적으로 표현하기도 하고 네 잎 클로버와 조수아 선인장 그리고 파랑새와 같은 자연을 제재로 하여 형상화 하기도 한다.

〈4〉

 김호길 시인은 비록 몸은 멀리 바하 캘리포니아에 있지만 우리나라에 대한 염려가 많다. 특히 최근의 사태에 대해서는 페이스북에 산문으로 올리기도 한다. 그러나 그에게는 평소에도 현실을 풍자하는 태도를 보여준 시조나 자유시가 많았다. 몇 해 전에 필자는 미국 소수민 삶의 비극성을 풍자적으로 표현한 자유시「호세 구티에레스」(≪문학세계≫2011)에 대하여 살펴본바 있다. 그러면 이번의 시집에 나타난 현실 인식이 바탕이 된 작품을 인용해 보기로 한다.

(ㄱ)
꾀꼬리
너 혼자 뻐기지 말라,
까마귀도 한 평생 잘산다.
-「잘 났다 뻐기지 마라」전문

(ㄴ)
시골에
주소만 옮기면
그 데모꾼 모두 농부여.
-「어떤 농부」전문

(ㄷ)
남강에
숭어가 뛰니
강산 잡것들 다 뛰네.
—「진주 남강 숭어가 뛰니」전문

(ㄹ)
누구나
다 시인이라네.
도도 모도 다 시인이여.
—「시인」전문

(ㅁ)
태평양
난바다가 미쳤네.
한국호가 젤 걱정이네.
—「난바다」전문

(ㅂ)
극좌냐
극우냐 그 질문
일평생 헷갈리는 화두로고.
—「무소속」전문

현실에 대한 발언이 두드러진 여섯 편 역시 현실 인식이 직접 제목에 노출된 것이 세 편이며 자연을 객관적 상관물로 가져와 표현 것이 세 편이다. 순서대로 자연이 등장하는 것부터 살펴보기로 한다.

우선 (ㄱ)「잘 났다 뻐기지 마라」와 (ㄷ)「진주 남강 숭어가 뛰니」그리고 (ㅁ)「난바다」에서는 꾀꼬리와 까마귀, 숭어 그리고 태평양이 등장하고 있다. (ㄱ)에 등장하는 새 꾀꼬리와 까마귀는 고전시가나 가사에서 자주 등장하는 것이다. 그러나 그것을 비유하는 관념은 고전시가와는 전혀 다르다. 꾀꼬리는 겉으로는 잘난체하지만 속으로는 텅 빈 것을 가리키고 까마귀는 그와 반대로 겉으로는 보잘 것 없지만 속으로는 꽉 찬 존재를 가리킨다. 말하자면 사람을 겉모습으로 판단하지 말고 내면에 들어있는 참모습을 발견하기에 힘쓰라는 교훈을 가지고 있는 작품이다. 아울러 겉모습으로 평가하는 세태를 풍자하고 있다. (ㄷ)은 여러 지역에 퍼져있는 숭어를 제재로 아무것도 모르면서 부화뇌동하는 무리를 꾸짖는 속담의 진주 남강 시리즈이다. 이 작품 역시 작금의 우리나라 정치 현실을 빗대어 표현한 것이다. (ㅁ)의 경우는 태평양의 파고를 가져와 역시 격랑 속의 우리나라의 여러 현실을 우려한 것이다.

다음으로 (ㄴ)「어떤 농부」와 (ㄹ)「시인」그리고 (ㅂ)「무소속」등에서는 풍자의 대상이 직접 등장하고 있다. (ㄴ)의 경우는 상습적으로 데모하는 인사들이 일부러 농촌에 들어가 선량한 농민들을 선동하는 세태를 비판한 작품이다. 특히 멕시코에서 농장을 경영하는 김 시인의 입장에서는 정말 개탄스러운 현실일 것이다. (ㄹ)「시인」의 경우는 함량 미달 시인을 양산하는 시단의 현실을 직설적으로 비판한 것이다. 특히 마지막 행 '도도 모도 다 시인이여'라는 부분에서는 풍자의 극치를 보여주고 있다. 마지막 인용 작품 (ㅂ)의 경우는 극좌와 극우로 대립하고 있는 우리나라 정치 풍토와 세태를 비판하고 있다. 그러면서 자기 자신은 양자와는 거리를 두고 있음을 '무소속'이라는 제목에서 보여준 것으로 이념에 대한 고뇌의 흔적을 엿볼 수 있다.

지금까지 살펴본 여섯 편 말고도 많은 작품에 그의 현실 인식과 풍자적 태도가 나타나 있다. 따라서 그의 도전정신과 긍정적 세계관과 함께 현실에 대한 풍자적 태도는 그의 홑시조를 관류하는 두 주제이다.

⟨5⟩

김호길 시인은 오늘도 바하 캘리포니아 사막에서 멕시코 원주민들과 함께 농사를 짓고 있다. 이렇게 글로벌한 국제영농을 하는 농부로 성장한 그의 정신은 어디에서 왔을까? 다음과 같은 세 편에서 그의 정신을 엿볼 수 있다.

(ㄱ)
비워야
숲의 숨소리 들리네.
인생도 그렇다네.
―「농부 13」 전문

(ㄴ)
감사가
넘치는 사막
이곳 농부로 온 것 참 잘 된 일이네.
―「농부 16」 전문

(ㄷ)
세상에
가장 낮은 몸
때론 가장 높을 수 있네.
―「농부 30」 전문

 이상의 세 작품에서 그는 '겸손'과 '비움' 그리고 '감사'의 정신을 보여 주고 있다. 이러한 정신이 없었다면 그는 거친 사막에서 멕시코인들과 더불어 농사를 짓지 못했을 것이다. 오랜 이민 생활에서 체득한 소수민으로서의 삶의 자세와 특히 히스패닉에 대한 사랑을 바탕으로 한 그의 코스모폴리탄적이고 글로벌한 세계관에서 이러한 성공이 온 것이다.

국립중앙도서관 출판예정도서목록(CIP)

그리운 나라 / 지은이: 김호길. -- 창원 : 창연출판사, 2017

p. ;   cm

ISBN 979-11-86871-12-6 03810 : ₩9000

한국 현대시[韓國現代詩]

811.7-KDC6
895.715-DDC23   CIP2017007297